什么是博物馆?

博物馆可不是一座堆满尘封物品的古旧建筑，绝对不是！

英文中的“博物馆”（museum）一词来自希腊语中的“mouseion”，原义是指祭祀掌管文艺的女神缪斯（Muses）的场所。在希腊神话中，缪斯是主神宙斯和记忆女神谟涅摩叙涅所生的九个女儿的统称。她们分别掌管不同的文艺门类，根据当时人们的总结，这些文艺门类包括英雄史诗、历史、抒情诗与音乐、合唱与舞蹈、爱情诗、悲剧、喜剧、颂歌、天文等。

如今，博物馆是一个向公众展示收藏品的地方。博物馆的展品绝非寻常之物：从历史、艺术、技术或科学的角度来看，它们具有特殊的价值和意义。但博物馆的功能不仅仅是展示藏品，它还要对这些藏品进行收集和分类。博物馆会妥善保管这些藏品，有时会根据藏品本身的状况对它们进行修复；还要对它们进行研究，因为每一件藏品都是人类留下的痕迹。

△阿波罗与九位缪斯女神

请画出这家博物馆的展品。

你知道吗？

法国有超过 900 家博物馆。其中，卢浮宫博物馆在 2018 年成为全球游客访问量最大的博物馆，访问量超过 1000 万人次！

△巴黎的卢浮宫博物馆

世界上著名的博物馆

博物馆是收集、保管和展示人类遗产等藏品的场所，但各家博物馆的展品类型不尽相同。

根据主题对博物馆进行分类并不容易，因为博物馆数量庞大且展品类型各不相同！有些博物馆只专注于一个特定的领域，有些博物馆的展品则会涉及多个不同的主题。

△位于伦敦的泰特美术馆主要收藏亨利·泰特爵士赠送给国家的藏品

例如，很多博物馆只展出艺术品，其中一些专注于绘画作品，另一些则专注于现代或当代艺术作品。有些博物馆甚至只向公众展示某个特定时代的作品或者某个特定艺术家的作品。

△位于奥地利的格拉茨艺术馆是一家当代艺术博物馆

△位于纽约的古根海姆美术馆收藏的都是现当代艺术作品

△位于美国纽约的现代艺术博物馆（简称MoMA）主要收藏现代艺术作品

阿姆斯特丹市立博物馆是一家展示现当代艺术品与设计作品的博物馆。

萨尔瓦多·达利博物馆和凡高博物馆，是专门为特定艺术家设立博物馆的范例。

△位于西班牙菲格拉斯的萨尔瓦多·达利博物馆

△位于荷兰阿姆斯特丹的凡高博物馆

有些博物馆被称为“历史博物馆”，其藏品用来讲述某个民族或某个地域的历史。

位于莫斯科的俄罗斯国家历史博物馆，通过其展览可以追溯俄罗斯的历史。

中国的台北故宫博物院，展品记录了中国以及中国人的历史。

日本的九州国立博物馆，以日本艺术为核心。

法国巴黎的卡纳瓦莱博物馆，展品讲述了这座城市的历史。

世界各地的科学博物馆最常展示的是与科学和技术有关的展品。馆中通常会配置一些设备，能够演示某些科学现象，或者让游客参与互动。

中国的上海科技馆就是这类博物馆。

△位于美国华盛顿的美国国家航空航天博物馆

△位于西班牙瓦伦西亚的费利佩王子科学博物馆

△位于中国的香港科学馆

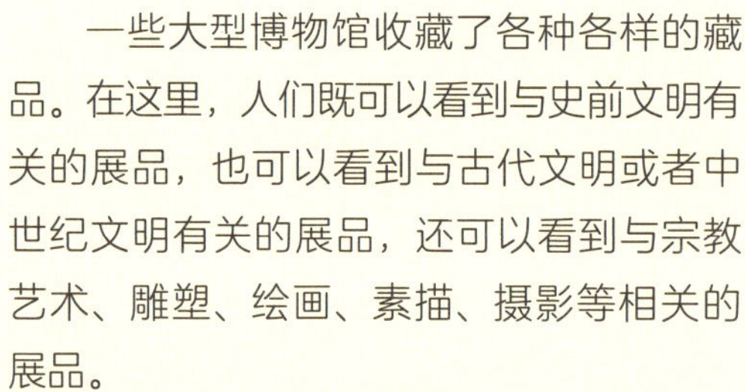

一些大型博物馆收藏了各种各样的藏品。在这里，人们既可以看到与史前文明有关的展品，也可以看到与古代文明或者中世纪文明有关的展品，还可以看到与宗教艺术、雕塑、绘画、素描、摄影等相关的展品。

英国伦敦的维多利亚与艾尔伯特博物馆就是这样的博物馆。

以及法国巴黎的卢浮宫博物馆。

△美国纽约的大都会艺术博物馆

△俄罗斯圣彼得堡的冬宫

有些博物馆专门从事与海洋及水生动植物相关的展览。例如，摩纳哥海洋博物馆。

还有些博物馆更加神奇，它们把藏品放在水底展示：参观这样的博物馆需要借助潜水装备，如世界上最大的水下博物馆——墨西哥坎昆水下博物馆。

一座新的博物馆

现在，由你来决定创建一座什么样的博物馆：你可以创建一座拥有特定主题的博物馆，也可以创建一座包含多种类型藏品的综合性博物馆。请在下方空白处画出表现博物馆主题（一个或者多个）的元素，然后给你的博物馆起个名字。

博物馆的选址

史前博物馆在哪里呀？地图上有这么多博物馆……

博物馆的使命是为公众服务，让公众在家门口就能通过博物馆丰富多样的展品了解文化和历史。因此，很多博物馆选择建在城市中心就不足为奇了，因为这里潜在的本地参观者最多，同时还有被这里的宏伟建筑吸引而来的游客。

一些博物馆位于与其历史直接相关的地方：海军博物馆会建在港口附近，某些手工艺博物馆会建在这些手工艺活动特别发达的地方……

大都会艺术博物馆，简称“大都会”，坐落在纽约曼哈顿区中央公园旁。

由旧火车站改建而成的奥赛博物馆，位于法国巴黎的市中心。

澳大利亚国立海洋博物馆追溯了本国历史与海洋的关系：英国殖民者是从海上抵达的，且海上贸易在此迅速发展。所以，这座博物馆理所当然地建在了悉尼的情人港。

法国的小提琴博物馆建立在孚日山区的米雷库尔小镇，也并非偶然。就是在这座小镇，法国的小提琴制作传统从 17 世纪一直传承至今。

有些博物馆建在河边或者海边，有些与自然融为一体……

法国里昂的汇流博物馆，位于罗讷河和索恩河交汇处的堤岸上。

巴西的尼泰罗伊当代艺术博物馆坐落于一处悬崖边，俯瞰着大海。

巴西的因赫泰姆艺术中心是一个私人艺术基金会组织，坐落于热带雨林深处，占地 1000 公顷，是一个藏在植物园中的顶级雕塑空间。

你准备把博物馆建在哪里？把这个地方画出来吧。

博物馆的建筑

我的构想是博物馆的内部空间要光线充足！还要有一个巨大的迎宾大厅。

某些博物馆直接以古建筑为场馆，这些古建筑通常都有着非凡的历史和建筑风格。因此，参观者欣赏馆中藏品的同时，也可以欣赏这些本就承载着丰富历史的古建筑。

例如，法国巴黎附近的凡尔赛宫，它始建于 17 世纪，最初是国王狩猎时歇脚的地方，后来扩建成为王室宫殿，最后成了博物馆。

位于意大利威尼斯的总督府，其历史可以追溯到 9 世纪！这座哥特式风格的宫殿是威尼斯的主要地标之一。

法国巴黎的比隆酒店建于 1730 年，如今酒店的一部分专门为雕塑家罗丹开辟了罗丹博物馆。

位于华盛顿的美国国家美术馆是年代不太久远的建筑，但其西楼的柱廊和穹顶则有意模仿建造于古罗马时期的罗马万神殿。

设在古老建筑中的博物馆，经过装修后焕发出惊人的光彩：原有的美感得到完美的保留，新的装修则为它们增添了现代的气息。

巴黎的卢浮宫博物馆就是这样一个范例。卢浮宫这座始建于中世纪的皇家宫殿，于1793 年成为法国国立博物馆，在此之前，它曾在几个世纪的时间里经历了很多次扩建和翻修。位于其庭院中央的玻璃和金属结构的金字塔，则是在 1989 年落成。

无论是现代的还是古代的，博物馆建筑风格与其所在国家的文化有着直接的关系。

1920 年建成的柬埔寨金边国立博物馆，其建筑灵感直接来源于吴哥王朝时期的建筑风格。

卡塔尔国家博物馆（于 2019 年开放）的建筑风格似乎很难被界定属于什么年代，因为它与卡塔尔当地的景观完全融合。博物馆因其外观似一朵巨大的玫瑰而闻名于世，这朵“玫瑰”由沙子构成，有着和沙漠一样的颜色。

巴洛克艺术的动感风格以夸张、形式丰富多样等为特征。墨西哥普埃布拉的巴洛克国际博物馆的建筑风格就体现了这些特征。

卡塔尔多哈的伊斯兰艺术博物馆于 2008 年落成，它的建筑灵感来自开罗的伊本·图伦清真寺。伊斯兰艺术追求线条简洁和突出几何图形，这座博物馆就是一个很好的例证。

位于西班牙毕尔巴鄂市的古根海姆博物馆以其惊艳的雕塑般的造型，成为世界上最著名的当代建筑之一。

各家博物馆都一直致力于吸引更多的参观者，它们除了精心组织展览和活动外，也通过打造超凡脱俗的建筑物来增加自己的魅力。

因此，每年都会涌现出许多带有当代色彩的博物馆。第一批“吃螃蟹”的博物馆包括巴黎的乔治·蓬皮杜国家艺术文化中心。

它的独创性在于，建筑师将所有管线，包括参观者通道，全部放在建筑外部，以释放更多的内部空间。

2011 年落成于墨西哥的墨西哥城索马亚博物馆，狂野地拔地而起。它的设计灵感来自法国雕塑家奥古斯特·罗丹的雕塑。

现在，轮到你来构想和绘制你的博物馆的外观了。你可以选择将其置于一幢古老的建筑中，然后给它添加一些现代建筑的元素，也可以把它打造成一座纯粹的当代风格的建筑。

收藏与展览

博物馆是有生命的：展品可以不断变化。

每个博物馆都有自己的藏品。而且，大多数博物馆的藏品数量都超过它们的展品数量，因为有一部分藏品保存在库房中。

无论哪种类型的博物馆，它的展品都不是随意摆放的。大型博物馆拥有种类繁多的藏品，会分不同的主题展馆来进行展览。例如，在卢浮宫博物馆，有希腊罗马文物馆、埃及文物馆和东方文物馆，还有绘画馆、雕塑馆和装饰艺术馆。每个主题展馆都有好几个展厅。

展品性质相同的博物馆则会按照不同展厅来进行展览。例如，大多数以单个艺术家为主题的博物馆，都会根据艺术家职业生涯中的重要日期和阶段来分展厅进行展览。

博物馆的展品通常都是自家的藏品，这些藏品属于永久收藏。随着时间的推移，博物馆还会不断努力充实其藏品种类和数量。此外，大多数博物馆还会组织临时展览：相关团队会先选择一个主题，然后把不同的展品集中起来，这些展品可能出自自家藏品，也可能是从其他博物馆借来参展的。

有时，个人收藏家会同意出借自己的私人藏品，在临时展览中向公众展出。这些收藏家甚至有可能把自己的收藏品捐赠给博物馆！

现在，请选择（一个或多个）博物馆的主题，然后设计出不同的展馆或者展厅，并画出里面的展品吧。不要忘记库房，有时候最好的艺术品就藏在那里！

博物馆的通道

我应该怎么设计我这座博物馆的通道呢？有很多种选择！

博物馆属于每一个人。因此，每个想去参观的人都应该可以进入这里，包括行动不便的人。正是由于这个原因，博物馆和所有其他公共建筑一样，至少应该提供足够的无障碍通道。

一旦进入博物馆内部，参观者就会发现一切都经过精心安排：博物馆的建造方式会起到引导参观者的作用。不过，参观者首先会来到接待处，在这里有其需要的所有参观信息（场馆平面图、参观指南等），可以使其参观活动更加丰富充实。

一些博物馆选择了单行参观路线。参观者遵循固定的行进路线，从头走到尾。例如，纽约古根海姆美术馆的参观路线从建筑物的顶部开始，参观者沿着一条螺旋形的路线由上至下依次参观。

在一些博物馆中，参观者也可以循环参观：所有的展览空间都围绕着一个中央空间分布。日本广岛市的当代艺术博物馆就是这样设计建造的。

一些博物馆的参观路线有点儿像迷宫。例如，蓬皮杜国家文化艺术中心有许多展品，有时你很难找到自己想看的那一件。

我们发现有一些博物馆像是由许多的楼层、走廊和展厅组成的街区。参观者可以自己选择路线，自由地去往自己想去的地方……当然，少不了导览图的帮助！

你会为你的博物馆选择什么类型的路线？你是想引导参观者沿着既定的路线走，
还是让他们在迷宫般的展厅里自由漫步？请根据你选择的路线类型绘制出博物馆的平面图。

镇馆之宝

博物馆的藏品都具有很高的价值。这并不仅仅限于其金钱价值，也包括其历史、科学或艺术价值。但有些藏品比其他藏品更加珍贵或者更加特殊。它们是博物馆里的“明星”，通常很多参观者就是为了它们而来的。

纽约大都会艺术博物馆的展品数量惊人，其中包括亚历山大·考尔德的一件动态雕塑，文森特·凡高的一幅自画像，以及埃德加·德加的一幅油画，等等，这些展品吸引了无数参观者。

《蒙娜丽莎》是法国巴黎卢浮宫博物馆里的“明星”。它是达·芬奇的杰作，通常被认为是世界上最著名的艺术作品之一。而参观者在那里同样可以看到另外一位“明星”——《米洛斯的维纳斯》。

△《蒙娜丽莎》，达·芬奇

△《米洛斯的维纳斯》，阿历山德罗斯

◁《舞蹈教室》，埃德加·德加

圣彼得堡的冬宫博物馆展出大量克劳德·莫奈、保罗·高更、文森特·凡高和达·芬奇的作品，以及各种雕塑。

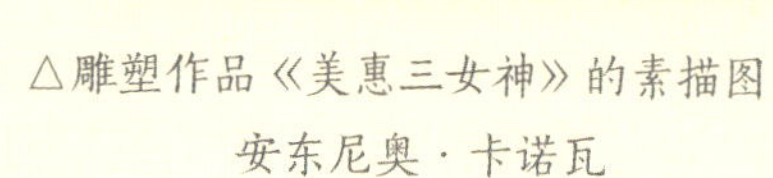

△雕塑作品《美惠三女神》的素描图，安东尼奥·卡诺瓦

你的博物馆中有什么镇馆之宝？把它画出来吧。

博物馆中的职业

博物馆中有大量的工作人员。

在一件展品进入博物馆之前，也有大量的工作要做。

走进一家博物馆，首先遇到的是接待和引导参观者的接待处工作人员。

博物馆的规模各不相同，一家博物馆最多可能会涉及几十种不同的职业。博物馆中最高的职位是馆长，全面负责博物馆的收藏和服务工作。

文物保护专员在藏品保管员的协助下，负责馆藏文物的研究、分类、维修、保护、扩充和展出。

策展人负责设计和组织展览，由制作总监和博物馆文保技术人员协助实施。他们要负责整体布局、展柜设置，以及相关安装和拆卸工作。

导游负责用不同语言为参观者提供讲解服务。

库房管理员负责管理展览场地和库房内的各种藏品，或在出借某些藏品的情况下监督运输。

文物保护工作人员负责文物修复和预防保护等事务。

在博物馆内，还有档案管理员、文献管理员和图书管理员，他们研究藏品并提供藏品资料。另外，还有公关人员、编辑人员和网站管理员，他们负责开展公关及宣传与藏品、临时展览和博物馆活动相关的信息。

此外，有专业人员负责维护博物馆的场馆设施，并有保安人员监控博物馆的安全状况。

当然，博物馆内还经常设有纪念品商店，出售各种各样的书籍和展览目录，目录中会包含临时展览所有展品的介绍。

现在，轮到你来为你的博物馆宣传了。请画出博物馆的展览海报，
并为你的博物馆选择适合的外观颜色。最后，给工作人员的制服涂上颜色。

布置展览

这项工作中非常重要的一部分，就是将展品突显出来。

在博物馆内，一切都经过精心安排：展品会按照设计好的方式布置，并以特别突出的方式呈现。这就是布景的艺术——营造一种氛围，让参观者能够更好地欣赏眼前的展品。

△《大卫》，米开朗琪罗雕塑作品，现收藏于意大利佛罗伦萨美术学院

这项工作从博物馆设计之初就开始了：建筑物可以是开放型的，即通过大型玻璃窗，让自然光进入博物馆内部，同时使参观者能够看到外面的花园、城市或建筑物周围的展品；当然也可以选择创建一个封闭的空间，使其完全与外界隔离开来，让参观者只专注于展品。

照明也是突出展品的一个决定性因素。照明既可以采用自然光，也可以使用灯光，但大多数情况下都选择光源来自上方的天顶照明，这样参观者就不会受到阴影的干扰。

照明的类型和强度是场地布置不可或缺的组成部分：光线可以明亮，直接对准展品；也可以将光源藏于天花板吊顶设计之中或直接嵌入天花板，使光线纯净而分散；在使用电子设备的展览或水族馆的展览中，还可以过滤光线，使之变得更加柔和。

那些变身为博物馆的古建筑，通常本身就非同寻常，拥有丰富的历史和精美的装饰。 其客厅和门厅往往异常宽敞、开阔，可以用来突出展示那些同样尺寸超常的艺术作品。例如，米开朗琪罗的《大卫》是一尊超过 5 米高的巨型雕像，被安放在意大利佛罗伦萨美术学院战俘画廊的一座巨大的壁龛中。

△人们在水下隧道中参观

巴黎的庙会艺术博物馆可以很好地说明布景手法在突出展品中的重要性：其展厅中没有采用自然光，而是使用灯光照明来突出展览的每个装置，将参观者带到穿越时空的庙会场景中。

△巴黎庙会艺术博物馆

大多数情况下，博物馆的墙壁和地面都会采用低调的颜色，避免转移参观者的注意力和视线。但是有的时候，比如为了突出白色大理石雕像，大胆地采用对比色也是合理的选择。

博物馆里的家具摆设倾向于简约。展览空间中通常只有玻璃展柜和一些座椅。这种简约有助于突出展品：参观者的注意力不会被分散，因此可以全神贯注地欣赏展览。但是，这些家具都应遵循一个重要的准则——不能太高，这样无论是大人还是小孩，或者是坐轮椅的人，都能好好欣赏展品。

△一家现代艺术博物馆的内部

随着技术的发展，又出现了一种新的方式来展示博物馆的藏品，那就是虚拟参观。人们可以通过计算机或借助一个特定的设备，随时观看博物馆的展览内容。

场景图

想象并画出展示你的博物馆镇馆之宝的展厅。
选择能更好地突出这件展品的布景元素（光线、墙面和地面颜色及家具等）。现在就开始吧！

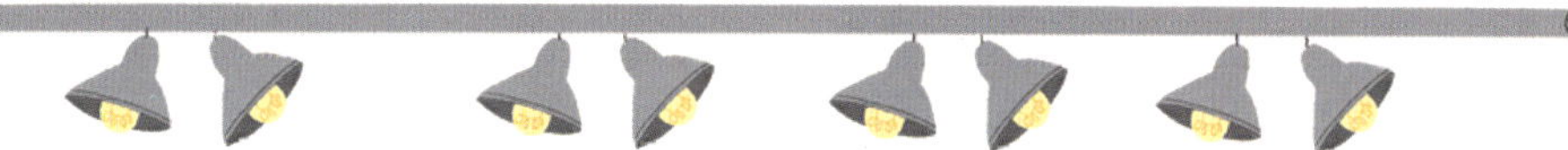

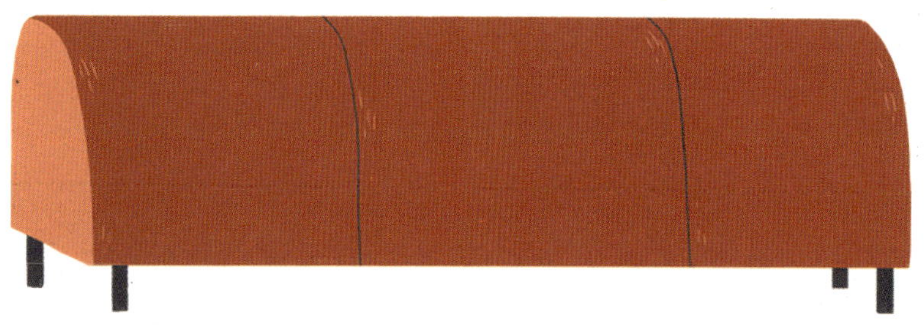

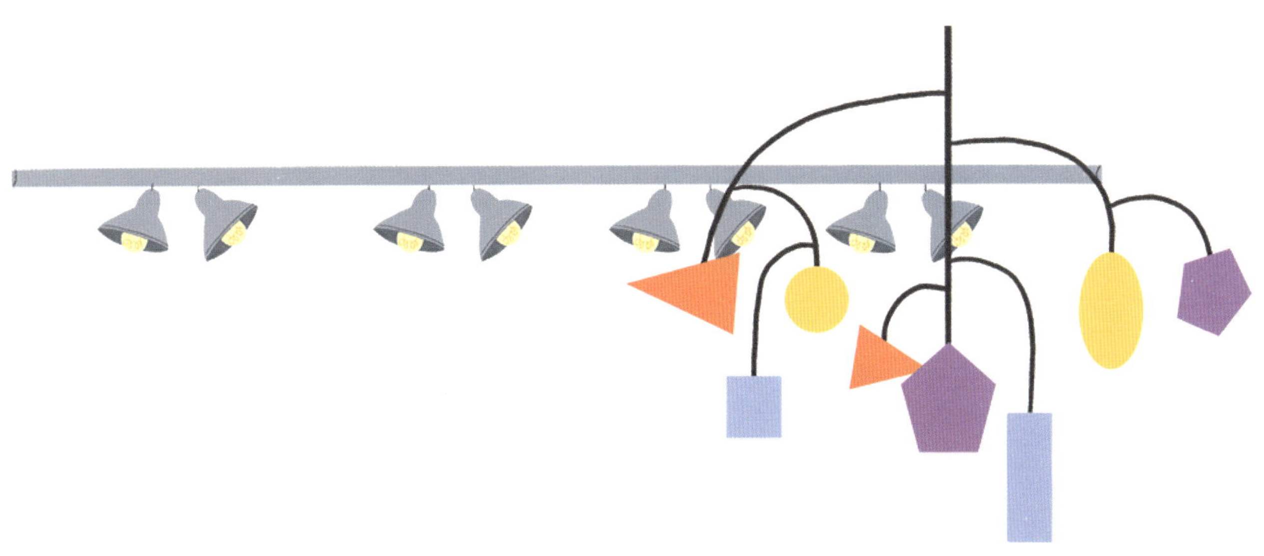

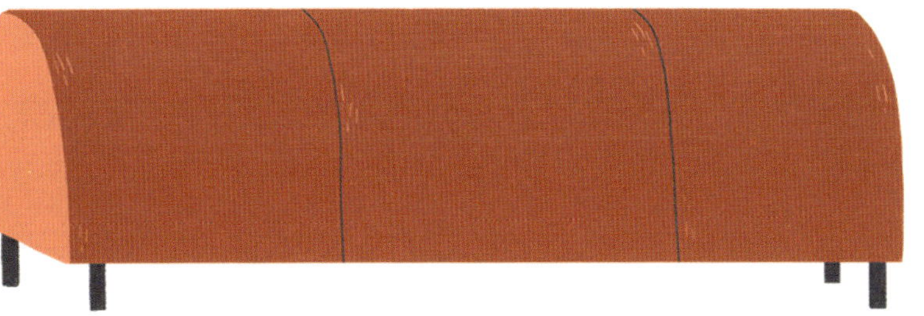

藏品的保护：储藏和修复

博物馆的藏品有时非常古老而脆弱，必须加以保护。

博物馆的使命是为人们提供思考与研究古老物品和作品的机会，并将它们传承给子孙后代。因此，必须特别注意保护藏品。这是文物保管者和修复者的工作。

藏品会因各种因素而遭到损坏，比如灰尘、光线以及不合适的温度和湿度。保管藏品首要的一点就是将其在尽可能最适宜的条件下储存或展示。所以要特别注意它们所接收的光线，同时要尽量保持恒温，20 摄氏度左右最为理想。还应该注意将湿度保持在 50% 上下。保管藏品的另一个难点是，不同材质的藏品所需要的保存条件不同，比如纸上的书画及刻印作品就非常脆弱。

温度和湿度的剧烈变化是最具破坏性的。因此，博物馆必须安装空调系统，以减轻季节变化对藏品产生的不良影响。其他可能损坏藏品的因素还包括虫蛀、细菌侵害和霉菌侵害，以及在运输过程中可能遭到的损坏。

当一件展品遭到损坏时，可以通过一些专门技术来修复它。

然而，修复必须遵循一定的规则。第一，修复必须尊重原始创作，但同时又必须能被看出来。第二，修复必须能够保持很长时间，但不能是不可逆的，也就是说如果有需要，任何在修复过程中增加上去的东西都能被除去。

艺术品修复工作

随着时间的推移，这幅油画杰作已经褪色。
现在请你来进行修复，让它恢复原本的颜色，重放光彩。

博物馆的安全保卫工作

博物馆的藏品非常珍贵，所以必须注意防火防盗！

博物馆的展品都价值高昂，而且每天要接待大量的参观者。因此，每家博物馆都会有周密的安保计划，以确保参观者和展品的安全。对参观者可携带入内的设备也都会有明确规定。

博物馆与所有其他公共场所一样，都会安装消防装置，并会进行定期检查。在博物馆的任何一个展厅里，都会设置警报按钮，当参观者出现身体不适或者受到攻击时，可以发出警报。

博物馆面临的入侵和盗窃风险也很高，因为它们所拥有的价值高昂的藏品，是非法贩卖的对象。

提到保护藏品，人们首先想到的是博物馆中安装的视频监控摄像头，以及在场的保安人员。但保护藏品的措施并非只有这些，远远不止这些！

博物馆有时甚至会安装防爆门窗，用来阻挡入侵的窃贼。

博物馆还会配备高性能警报系统，其核心被称为“警报中心”，用来防范任何对系统实施破坏、关闭、干扰或破解的行为。即使停电，它也可以继续自主运行多日。只有极少数人掌握开启或关闭警报系统的密码，其中大多数人还有一个“胁迫密码”。胁迫密码一旦输入，就会产生警报系统已经关闭的假象，但其实它同时已悄悄发送了警报信息。

最后，警报中心会与不同种类的探测器相连，这些探测器安装在门窗上、参观必经的通道上，以及最珍贵的展品附近。有些探测器可监控展厅的容量，因此即使最轻微的变化也会触发警报（例如，一个人进入房间），其他探测器则利用红外线进行监控。博物馆也可以直接将自家的警报系统与公安系统的服务器相连。

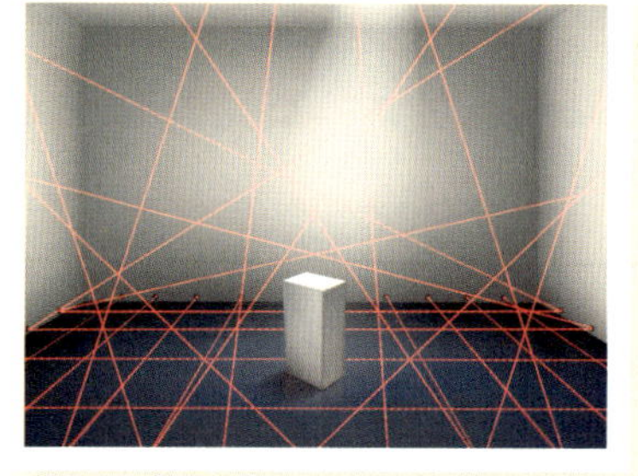

你知道吗？

1911 年 8 月 21 日，世界上最著名的画作之一——达·芬奇的《蒙娜丽莎》，被人从卢浮宫博物馆盗走了。相关人员经过两年的调查，都没能找回它。它是被在卢浮宫工作的意大利工人文森佐·佩鲁贾偷走的，在这段时间里，他一直把它藏匿在自己手里。1913 年 12 月，他企图向一个古董商出售画作时，古董商报警，这幅画作才得以重归法国卢浮宫博物馆。

请画出你的博物馆中展出的艺术品，然后把用来保护它的安防系统的红外线也画出来。

在你的博物馆中

请画出你的博物馆中的一个展厅，选择准备在这里展出的展品，
以及用以突出这些展品的布景元素（光线、墙面和地面颜色及家具等）。

请画出你的博物馆中一个举办临时展览的展厅，选择准备在这里展出的展品，
以及用以突出这些展品的布景元素（光线、墙面和地面颜色及家具等）。现在，看你的啦！

图书在版编目（CIP）数据

我来创造未来世界. 4, 建造一座博物馆 / (法) 玛丽昂・德穆林著 ; (法) 约瑟芬・范德杜特绘 ; 周游译. -- 上海 : 上海社会科学院出版社, 2024

ISBN 978-7-5520-4389-1

Ⅰ. ①我… Ⅱ. ①玛… ②约… ③周… Ⅲ. ①科学知识－儿童读物 Ⅳ. ①Z228.1

中国国家版本馆CIP数据核字（2024）第094231号

我来创造未来世界：建造一座博物馆

著　　者：［法］玛丽昂・德穆林
绘　　者：［法］约瑟芬・范德杜特
译　　者：周　游
责任编辑：杜颖颖
特约编辑：晋西影
装帧设计：乔雅琼　盛广佳
出版发行：上海社会科学院出版社
上海市顺昌路622号　　邮编 200025
电话总机 021-63315947　　销售热线 021-53063735
https://cbs.sass.org.cn　　E-mail: sassp@sassp. cn
印　　刷：鸿博昊天科技有限公司
开　　本：787毫米×1092毫米　1/12
印　　张：2.6
字　　数：35.7千
版　　次：2024年9月第1版　2024年9月第1次印刷
审 图 号：GS（2024）2620号

ISBN 978-7-5520-4389-1/Z・087　　定价：179.80元（全6册）